Du 31. Xbre 1718.

356.

ORDONNANCE DU ROY,

Portant Reglement pour le Payement des Regimens Royal Artillerie, des Bombardiers du Roy, Et des Compagnies de Mineurs & Canoniers.

Du 31. Decembre 1718.

A PARIS,
DE L'IMPRIMERIE ROYALE.

M. DCCXIX.

Du 31. Decembre 1718.

ORDONNANCE DU ROY,

Portant Reglement pour le Payement des Regimens Royal Artillerie, des Bombardiers du Roy, Et des Compagnies de Mineurs & Canoniers.

Du 31. Decembre 1718.

DE PAR LE ROY.

SA MAJESTÉ voulant procurer un traitement avantageux aux Officiers des Regimens Royal Artillerie, des Bombardiers du Roy, des Compagnies de Canoniers & de Mineurs, & accorder aux Sergens, Caporaux, Anspessades, Ouvriers, Canoniers, Bombardiers, Mineurs & Fusiliers desdites Troupes une augmentation de solde proportionnée à celle qu'Elle a estabi pour l'Infanterie Françoise par son Ordonnance du 6. Avril dernier, Elle a de l'avis de Monsieur le Duc d'Orleans Regent, Ordonné ce qui suit.

ARTICLE PREMIER.

Royal Artillerie.

Compagnie d'Ouvriers.

QU'A commencer du premier Janvier prochain les quatre Bataillons du Regiment Royal Artillerie, composez chacun d'une Compagnie d'Ouvriers, de trois Compagnies de Canoniers, & de quatre Compagnies de Fusiliers seront payez; Sçavoir, chaque Compagnie d'Ouvriers qui sera composée d'un Capitaine, d'un Capitaine en second, de de deux Lieutenans, de deux Lieutenans en second, de quatre Sergens, de quatre Caporaux, de six Anspessades, de soixante-quatre Fusiliers-Ouvriers & de deux Tambours, à raison de Trois livres par jour au Capitaine en pied, de quarante-cinq sols au Capitaine en second, de quarante-cinq sols à chacun des deux Lieutenans, de trente-cinq sols à chacun des deux Lieutenans en second, de vingt sols à chaque Sergent, de quinze sols à chaque Caporal, de douze sols à chaque Anspessade, & de neuf sols six deniers à chaque Fusilier-Ouvrier ou Tambour. Le Capitaine en pied, outre ses Appointemens cy-dessus, recevra sept payes d'Ouvriers de neuf sols six deniers chacune de gratification par jour, quand sa Compagnie se trouvera de quatre-vingt hommes, sans les Officiers, six desdites payes lorsqu'elle sera de soixante-quinze, & quatre quand ladite Compagnie sera de soixante-dix, les Officiers non compris; Sa Majesté entendant qu'il ne reçoive aucune paye de gratification, si sa Compagnie se trouve au-dessous dudit nombre de soixante-dix.

II.

Compagnie de Canoniers attachée au Regiment Royal Artillerie.

LES trois Compagnies de Canoniers qui sont en chacun des quatre Bataillons dudit Regiment Royal Artillerie, seront composées; Sçavoir (la Compagnie Colonelle du Capitaine, d'un Capitaine-Lieutenant, d'un Lieutenant & d'un Enseigne, & chacune des autres Compagnies du Capitaine, d'un Capitaine en second, d'un Lieutenant, d'un Lieutenant en second) de deux Sergens, de trois Caporaux, de trois Anspessades, de trente-un Canoniers, & d'un Tambour; Et seront payées à raison de Trois livres par jour au Capitaine, de quarante-deux sols au Capitaine-Lieutenant, ou à

chaque

chaque Capitaine en ſecond, de trente-cinq ſols à chaque Lieutenant, de vingt-cinq ſols à l'Enſeigne, ou à chaque Lieutenant en ſecond, de ſeize ſols à chaque Sergent, de dix ſols ſix deniers à chaque Caporal, de neuf ſols ſix deniers à chaque Anſpeſſade, & de ſept ſols ſix deniers à chaque Canonier ou Tambour. Le Capitaine en pied recevra outre ſes Appointemens cy-deſſus, trois payes de Gratification de ſept ſols ſix deniers chacune par jour, lorſque ſa Compagnie ſera de quarante hommes, les Officiers non compris, deux deſdites payes à trente-huit, & une ſeulement, quand elle ſe trouvera à trente-cinq, n'en devant recevoir aucune quand elle ſera au-deſſous dudit nombre de trente-cinq. Voulant Sa Majeſté que les Capitaines en ſecond deſdites Compagnies de Canoniers (à l'exception du Capitaine-Lieutenant de la Colonelle) faſſent le ſervice dans ledit Regiment, auſſi bien que ceux des Compagnies d'Ouvriers, & les Capitaines des Compagnies ordinaires.

III.

Autre Compagnie de Canoniers non attachée à aucun Bataillon du Regiment Royal Artillerie.

QUANT aux quatre Compagnies de Canoniers qui ne ſont attachées à aucun des Bataillons dudit Regiment Royal Artillerie, & qui ſeront compoſées chacune du Capitaine, d'un Capitaine en ſecond, d'un Lieutenant, d'un Lieutenant eu ſecond, de deux Sergens, de trois Caporaux, de trois Anſpeſſades, de trente-un Canoniers, & d'un Tambour, elles ſeront payées à raiſon de Trois livres par jour au Capitaine, de quarante-deux ſols au Capitaine en ſecond, de trente-cinq ſols au Lieutenant, de vingt-cinq ſols au Lieutenant en ſecond, de ſeize ſols à chaque Sergent, de dix ſols ſix deniers à chaque Caporal, de neuf ſols ſix deniers à chaque Anſpeſſade, & de ſept ſols ſix deniers à chaque Canonier ou Tambour; Le Capitaine recevra outre ſes Appointemens, trois payes de Gratification de ſept ſols ſix deniers chacune par jour, lorſque ſa Compagnie ſera de quarante hommes, les Officiers non compris, deux deſdites payes à trente-huit, & une ſeulement quand elle ſe trouvera à trente-cinq, n'en devant recevoir aucune quand elle ſera au-deſſous du nombre de trente-cinq.

IV.

Masse des Compagnies & Ouvriers & de Canoniers.

OUTRE la solde cy-dessus reglée pour les Sergens, Caporaux, Anspessades, Ouvriers, Canoniers & Tambours, laquelle leur sera payée à chaque Prest sans aucune retenuë, Et au moyen de laquelle ils seront tenus de s'entretenir de singe & de chaussûre, il sera encore donné deux sols par jour pour chaque Sergent, Caporal, Anspessade, Ouvrier, Canonier ou Tambour, dont chacune desdites Compagnies doit estre payée sur le pied complet, & ce independamment du nombre effectif auquel chaque Compagnie pourra se trouver; lesquels deux sols par homme formeront une masse toûjours complette montant; Sçavoir, pour chaque Compagnie d'Ouvriers, à Deux cens quarante livres par mois, faisant Deux mille huit cens quatre-vingt livres par an, & pour chaque Compagnie de Canoniers, à Cent vingt livres par mois, faisant Quatorze cens quarante livres par an; dont moitié (revenant à Quatorze cens quarante livres par an pour chaque Compagnie d'Ouvriers, & à Sept cens vingt livres pour chacune de Canoniers) demeurera entre les mains du Tresorier qui en donnera ses reconnoissances au Major ou autre Officier chargé du détail à la fin de chaque mois, pour estre le produit employé à l'habillement de la Compagnie à laquelle il appartiendra, & payé sur les ordres & mainlevée des Inspecteurs Generaux, ainsi que par le passé, & l'autre moitié (montant sur le mesme pied, à Cent vingt livres par mois pour chaque Compagnie d'Ouvriers, & à Soixante livres pour chaque Compagnie de Canoniers) sera remise lors de l'arresté des Decomptes de subsistance, à chaque Capitaine desdites Compagnies par forme de gratification, & pour les dedommager des frais de Recrües, & autres dépenses courantes de leurs Compagnies.

V.

Compagnie de Fusiliers du Regiment Royal Artillerie.

LES quatre Compagnies de Fusiliers qui sont en chacun des quatre Bataillons du Regiment Royal Artillerie, composées chacune d'un Capitaine, d'un Lieutenant, d'un Lieutenant en second, de deux Sergens, de trois Caporaux, de trois Anspessades, de trente-un Fusiliers & d'un Tambour, seront payées à raison de cinquante sols par jour au Capitaine, de vingt-cinq sols au Lieutenant, de vingt sols au Lieutenant en second, de onze sols à chaque Sergent, de sept sols six deniers à chaque Caporal, de six sols six deniers à chaque Anspessade, & de cinq sols six deniers à chaque Fusilier ou Tambour, Et le Capitaine outre l'appointement cy-dessus, recevra encore trois payes de gratification de cinq sols six deniers chacune par jour, lorsque sa Compagnie se trouvera complette de quarante hommes sans les Officiers, deux desdites payes lorsqu'il en aura trente-huit, & une seulement lorsqu'il n'en aura que trente-cinq, n'en pouvant pretendre aucune, sa Compagnie estant au-dessous dudit nombre de trente-cinq, les Officiers non compris.

VI.

Masse des Compagnies de Fusiliers du Regiment Royal Artillerie.

OUTRE la solde cy-dessus qui sera payée sans aucun retranchement ausdits Sergens, Caporaux, Anspessades, Fusiliers & Tambours, & au moyen de laquelle ils s'entretiendront de linge & de chaussûre, il sera encore donné deux sols par jour pour chaque Sergent, & un sol pour chaque Caporal, Anspessade, Fusilier & Tambour, dont chaque Compagnie doit estre payée sur le pied complet, & independamment du nombre effectif auquel elle pourra se trouver; lesquels deux sols par Sergent, & un sol par Fusilier, formeront une Masse toûjours complette, montant pour chaque Compagnie à Soixante-trois livres par mois, faisant Sept cens cinquante-six livres par an, & laquelle demeurera entre les mains du Tresorier qui en fournira ses reconnoissances au Major, ou autre Officier chargé du détail à la fin de chaque mois, pour estre ladite Masse employée à l'habillement de la Compagnie à qui elle apparriendra, & payée sur la mainlevée des Inspecteurs Generaux, ainsi que par le passé.

VII.

Gratification aux Capitaines en pied du Regiment Royal Artillerie, sur le fonds de la Masse.

ET pour faciliter de plus en plus aux Officiers dudit Regiment Royal Artillerie, l'entretien de leurs Compagnies, Sa Majesté ordonne que sur le fonds de la Masse, affecté pour l'habillement des Soldats, il sera remis par l'ordre de l'Inspecteur, lorsque leurs Compagnies se trouveront complettes en hommes veſtus & armez à la Reveüe qui ſe ſera à la fin du Semeſtre; Sçavoir, à chaque Capitaine d'Ouvriers la ſomme de Deux cens quarante livres, Et à chaque Capitaine de Canoniers & de Fuſiliers celle de Cent vingt livres, pour les dedommager des frais de l'habillement de leurs Recrües; Voulant Sa Majeſté qu'au cas que leſdites Compagnies ne ſe trouvent pas complettes dans ledit temps, les ſommes cy-deſſus demeurent entre les mains du Treſorier pour eſtre delivrées, ſoit aux Capitaines qui les auront reſtablies, ou à ceux qui en ayant eſté pourveûs par leur mort, caſſation, ou abandonnement, les auront rendu complettes.

VIII.

Eſtat Major du Regiment Royal Artillerie.

LES Officiers de l'Eſtat Major du Regiment Royal Artillerie, ſeront payez à raiſon de cinquante-cinq ſols par jour au Colonel (qui aura de plus quarante-cinq ſols auſſi par jour, pour luy tenir lieu de la Prevoſté qui eſtoit cy-devant entretenüe dans ledit Regiment, & que Sa Majeſté a jugé à propos de ſupprimer, auſſi bien que le Mareſchal des Logis) de Trois livres au Lieutenant-Colonel, de Quatre livres trois ſols quatre deniers au Major, de quarante-cinq ſols à l'Ayde-Major (leſquels Major & Ayde-Major ne pourront avoir chacun que leurſdites Charges) de dix ſols à l'Aumônier, & de dix ſols au Chirurgien.

IX.

Commandant & Ayde-Major des Bataillons du Regiment Royal Artillerie.

LE Commandant de chacun des ſecond, troiſiéme & quatriéme Bataillons dudit Regiment Royal Artillerie, aura en cette qualité quarante-cinq ſols par jour, recevant d'ailleurs le traitement de Capitaine d'Ouvriers; l'Ayde-Major qui eſt en chacun deſdits Bataillons, où il ne pourra pareillement avoir que cette Charge, recevra quarante-cinq ſols par jour, ainſi que le premier Ayde-Major dudit Regiment.

X.

Pour tenir lieu d'Etape aux Recreües du Regiment Royal Artillerie.

LES Capitaines en pied dudit Regiment Royal Artillerie recevront chaque année dans le temps du Semeſtre, pour tenir lieu d'Etape à leurs Recreües, ſçavoir chaque Capitaine de Compagnies d'Ouvriers la ſomme de Deux cens trente livres, chaque Capitaine de Compagnies de Canoniers & de de Compagnies ordinaires celle de Cent vingt livres; Voulant Sa Majesté que lorsque les Compagnies ne se trouveront pas complettes à la Reveüe qui se sera au retour dudit Semestre, lesdites sommes soient retenües sur les Appointemens du Capitaine, suivant l'ordre de l'Inspecteur pour estre remises par le Tresorier, soit au Capitaine, lorsqu'il aura rendu sa Compagnie complette, ou à celuy qui en aura esté pouveû à sa place, & qui l'aura restablie.

XI.

Regiment de Bombardiers du Roy.

DANS le Regiment des Fusiliers-Bombardiers du Roy, qui est composé de la Compagnie du S^r. Destouches Lieutenant-Colonel, de celle du S^r. De la Roche & de sept autres Compagnies ordinaires; ladite Compagnie de Destouches qui doit doit estre composée du Capitaine en pied, d'un Capitaine en second, de deux Lieutenans, de deux Lieutenans en second, d'un Enseigne, de quatre Sergens, de quatre Caporaux, de six Anspessades, de quarante Bombardiers, de dix Ouvriers, de vingt-quatre Fusiliers, & de deux Tambours, sera payée à raison de sept livres dix-sept sols par jour au Capitaine en pied, de quarante-cinq sols au Capitaine en second, de trente-cinq sols à chaque Lieutenant, de vingt-cinq sols à chaque Lieutenant en second, de vingt-cinq sols à l'Enseigne, de douze sols à chaque Sergent, de huit sols six deniers à chaque Caporal, de sept sols six deniers à chaque Anspessade, de vingt sols à chacun des vingt Anciens Bombardiers, de quinze sols à chacun des dix autres Bombardiers, de douze sols à chacun encore des dix autres Bombardiers, de dix sols à chaque Ouvrier, de six sols six deniers à chaque Fusilier, & de six sols six deniers à chaque Tambour, Et le Capitaine en pied recevra, outre l'appointement qui luy est cy-dessus ordonné, huit payes de gratification de six sols six deniers chacune par jour, lorsque sa Compagnie se trouvera depuis quatre-vingt cinq hommes, jusqu'à quatre-vingt dix, les Officiers non compris.

Compagnie de Destouches.

XII.

Masse de la Compagnie de Destouches.

OUTRE la solde cy-dessus qui sera payée sans aucune retenuë ausdits Sergens, Caporaux, Anspessades, Bombardiers, Ouvriers-Fusiliers & Tambours, Et au moyen de laquelle ils s'entretiendront de Linge & de Chaussure, il sera encore donné deux sols par jour pour chacun d'eux sur le pied complet, & independamment du nombre effectif auquel ladite Compagnie de Destouches pourra se trouver, lesquels deux sols par homme formeront une Masse toujours complette, montant à Trois mille deux cens quarante livres par an, dont moitié, faisant Seize cens vingt livres, demeurera entre les mains du Tresorier qui en donnera ses reconnoissances au Major ou autre Officier chargé du détail, à la fin de chaque mois, pour estre payée aussi suivant les ordres de l'Inspecteur, & employée à l'Habillement de ladite Compagnie, Et l'autre moitié, revenant sur le mesme pied à Cent trente-cinq livres par mois, sera remise, lors de l'arrêté de chaque decompte de subsistance, audit S.r Destouches par gratification, & pour l'indemniser des frais de Recruës & autres Dépenses courantes de sa Compagnie.

XIII.

Compagnie de la Roche.

LADITE Compagnie du S.r De la Roche doit estre composée du Capitaine en pied, d'un Capitaine en second, d'un Lieutenant, d'un Lieutenant en second, de deux Sergens, de trois Caporaux, de quatre Anspessades, de dix Bombardiers, de quarante Fusiliers & d'un Tambour, Et estre payée à raison de cinq livres par jour au Capitaine en pied, de quarante-deux sols au Capitaine en second, de trente-cinq sols au Lieutenant, de vingt-cinq sols au Lieutenant en second, de douze sols à chaque Sergent, de huit sols six deniers à chaque Caporal, de sept sols six deniers à chaque Anspessade, de douze sols à chaque Bombardier, & de six sols six deniers à chaque Fusilier & Tambour; Le Capitaine de ladite Compagnie devant recevoir, outre ses Appointemens, quatre payes de gratification de six sols six deniers chacune par jour, lorsque sa Compagnie sera de cinquante-cinq jusques à soixante hommes, les Officiers non compris.

XIV.

Masse de la Compagnie de la Roche.

OUTRE la solde cy-dessus qui sera payée sans aucun retranchement ausdits Sergens, Caporaux, Anspessades, Bombardiers, Fusiliers & Tambours, Et au moyen de laquelle ils seront pareillement tenus de s'entretenir de Linge & de Chausfure, il fera encore donné deux fols par jour pour chacun d'eux fur le pied complet, & independamment du nombre effectif auquel ladite Compagnie De la Roche pourra fe trouver, lefquels deux fols par homme formeront une Maffe toûjours complette, montant à Deux mille cent foixante livres par an, dont moitié faifant Mille quatre-vingt livres, demeurera entre les mains du Treforier qui en donnera pareillement fa reconnoiffance à la fin de chaque mois, pour eftre auffi payée fur les ordres & la main-levée de l'Infpecteur, & employée à l'Habillement de ladite Compagnie, Et l'autre moitié revenant fur le mefme pied, à Quatre-vingt dix livres par mois; fera delivrée, lors de l'arrêté de chaque decompte de fubfiftance, audit S.r De la Roche par gratification, & pour le dedommager des frais de Recrües, & autres depenfes courantes de fa Compagnie.

XV.

Compagnie ordinaire du Regiment des Bombardiers du Roy.

CHACUNE des fept autres Compagnies dudit Regiment des Bombardiers du Roy, doit avoir un Capitaine, un Lieutenant, un Lieutenant en fecond, deux Sergens, trois Caporaux, trois Anfpeffades, trente-un Fufiliers & un Tambour, la premiere defdites Compagnies ayant un Enfeigne au lieu de Lieutenant en fecond; Et le Capitaine de chaque Compagnie fera payé à raifon de cinquante fols par jour, le Lieutenant de vingt-cinq fols, le Lieutenant en fecond ou l'Enfeigne de la premiere Compagnie de vingt fols, chaque Sergent de onze fols, chaque Caporal de fept fols fix deniers, chaque Anfpeffade de fix fols fix deniers, & chacun des trente-un Fufiliers & le Tambour de cinq fols fix deniers. Le Capitaine recevra de plus trois payes de Gratification de cinq fols fix deniers chacune par jour, lorfque la Compagnie fe trouvera de quarante hommes, fans les Officiers; deux quand elle fera de trente-huit, & une feulement lorfqu'elle ne fera que de trente-cinq, fans que le Capitaine en puiffe pretendre aucune, fa Compagnie eftant au-deffous dudit nombre de trente-cinq, les Officiers non compris.

XVI.

Maffe des fept Compagnies

OUTRE la folde cy-deffus qui fera payée fans aucune rede Fusiliers du Regiment des Bombardiers du Roy.

tenuë ausdits Sergens, Caporaux, Anspessades, Fusiliers & Tambours, Et au moyen de laquelle ils s'entretiendront de Linge & Chaussure, il sera encore donné deux sols par jour pour chaque Sergent, & un sol pour chaque Caporal, Anspessade, Fusilier & Tambour, dont chacune desdites sept Compagnies doit estre payée sur le pied complet, & independamment du nombre effectif auquel elle pourra se trouver, lesquels deux sols par Sergent, & un sol par Fusilier formeront une Masse toûjours complette montant pour chaque Compagnie à Soixante-trois livres par mois, faisant Sept cens cinquante-six livres par an, ce qui fera un fonds de Cinq mille deux cens quatre-vingt douze livres pour la Masse desdites sept Compagnies, laquelle demeurera entre les mains du Tresorier qui en fournira sa reconnoissance au Major, ou autre Officier chargé du détail à la fin de chaque mois, Pour estre ladite Masse employée à l'Habillement de la Compagnie à qui elle appartiendra, & payée par les ordres & sur la main-levée de l'Inspecteur, ainsi que par le passé.

XVII.

Gratification aux Capitaines du Regiment des Bombardiers du Roy, sur le fonds de la Masse.

SA MAJESTÉ voulant aussi faciliter de plus en plus aux Officiers dudit Regiment des Bombardiers du Roy, l'entretien de leurs Compagnies, son Intention est que lorsqu'elles se trouveront complettes en hommes vestus & armez à la Reveüe qui sera faite à la fin du Semestre, il soit remis par l'ordre de l'Inspecteur sur le fonds de la Masse, affecté pour l'habillement des Soldats; Sçavoir, au S.r Destouches Deux cens soixante dix livres, au S.r de la Roche Cent quatre-vingt livres, Et à chaque Capitaine des sept autres Compagnies ordinaires Cent vingt livres, pour les dedommager des frais de l'habillement de leurs Recreües; Sa Majesté entendant que lorsque lesdites Compagnies ne se trouveront pas complettes dans ledit temps, lesdites sommes demeurent entre les mains du Tresorier pour estre delivrées, soit aux Capitaines aprés les avoir restablies, ou à ceux qui en auront esté pourveûs à leur place, & qui les auront rendu complettes.

XVIII.

Du 31. decembre 1718.

XVIII.

Estat Major du Regiment des Bombardiers du Roy.

LES Officiers de l'Estat Major dudit Regiment des Bombardiers du Roy, seront payez à raison de cinquante sols par jour au Lieutenant-Colonel (lequel touchera de plus quarante-cinq sols aussi par jour, pour luy tenir lieu de la Prevosté qui estoit cy-devant entretenüe dans ledit Regiment, & que Sa Majesté a jugé à propos de supprimer, aussi-bien que le Mareschal des Logis,) de quatre livres trois sols quatre deniers au Major, de cinquante sols à l'Ayde-Major (lesquels Major & Ayde-Major ne pourront avoir chacun que leursdites Charges,) de dix sols à l'Aumosnier, & de dix sols au Chirurgien: Et au S^r. Romillé qui commandoit cy-devant le second Bataillon dudit Regiment les vingt sols par jour qu'il recevoit en qualité de Commandant, jusqu'à ce qu'il parvienne à quelque grade, Et Sa Majesté a bien voulu le dispenser de monter la Garde dans ledit Regiment.

XIX.

Pour tenir lieu d'Etape aux Recrües du Regiment des Bombardiers du Roy.

LES Capitaines en pied du Regiment des Bombardiers du Roy recevront chaque année dans le temps du Semestre pour tenir lieu d'Etape à leurs Recruës ; Sçavoir, le Sr Destouches la somme de Deux cens soixante livres ; le S.^r De la Roche celle de Cent soixante-dix livres, Et chaque Capitaine de Compagnie ordinaire celle de Cent vingt livres ; Voulant Sa Majesté que lorsque leurs Compagnies ne se trouveront pas complettes à la Reveüe qui se fera au retour du Semestre, lesdites sommes soient retenües sur les Appointemens du Capitaine, ainsi qu'il est cy-devant reglé.

XX.

MINEURS. Compagnie de Valiere.

La Compagnie de Mineurs de Valiere qui est de trente hommes, les Officiers non compris, sera payée à raison de cinq livres deux sols par jour au Capitaine, de trois livres six sols huit deniers au premier Lieutenant, de cinquante sols au second Lieutenant, de quarante sols à chacun des deux Sous-Lieutenans, de trente-trois sols à chacun des quatre Commandans, de vingt-trois sols à chacun des quatre Caporaux, de vingt sols à chacun des vingt-un Mineurs & de dix sols au Tambour; Le Capitaine de ladite Compagnie aura de plus trois payes de gratification de dix ſols chacune par jour, lorſque ſa Compagnie ſera de trente hommes, les Officiers non compris, Et touchera en outre ſix livres treize ſols quatre deniers par jour par forme de ſupplement d'appointemens.

XXI.

Compagnie de Dabin.

LA Compagnie de Mineurs de Dabin qui eſt auſſi à trente hommes, les Officiers non compris, ſera payée à raiſon de ſix livres par jour au Capitaine, de trois livres au premier Lieutenant, de cinquante ſols au ſecond Lieutenant, de quarante ſols à chacun des deux Sous-Lieutenans, de trente ſols à chacun des deux Sergens, de vingt ſols à chacun des deux Caporaux, de quinze ſols à chacun des ſeize anciens Mineurs, de dix ſols à chacun des neuf autres Mineurs, & de dix ſols au Tambour; Et le Capitaine recevra, outre ſes appointemens, trois payes de gratification, de dix ſols chacune par jour, lorſque ſa Compagnie ſera de trente hommes ſans les Officiers.

XXII.

Compagnie de Lorme.

LA Compagnie de Mineurs de Lorme, qui eſt à trente hommes, les Officiers non compris, ſera payée à raiſon de ſix livres par jour au Capitaine, de trois livres au Lieutenant, de quarante ſols au Sous-Lieutenant, de trente ſols à chacun des deux Sergens, de vingt ſols à chacun des deux Caporaux, de quinze ſols à chacun des ſeize anciens Mineurs, de dix ſols à chacun des neuf autres Mineurs, & de dix ſols au Tambour; Et le Capitaine recevra, outre ſes appointemens, trois payes de gratification de dix ſols chacune par jour, lorſque ſa Compagnie ſera de trente hommes ſans les Officiers.

XXIII.

Compagnie de Voilain.

LA Compagnie de Mineurs de Voilain qui eſt auſſi de trente hommes, les Officiers non compris, ſera payée à raiſon de ſix livres par jour au Capitaine, de trois livres au Lieutenant, de quarante ſols au Sous-Lieutenant, de vingt ſols au premier Sergent, de ſeize ſols au ſecond Sergent, de dix ſols à chacun des trois Caporaux, de huit ſols à chacun des trois Anſpeſſades, de ſept ſols à chacun des Vingt-un Mineurs, & de ſept ſols au Tambour; Et le Capitaine recevra outre ſes appointemens, trois payes de gratification de ſept ſols chacune par jour, lorſque ſa Compagnie ſe trouvera de trente hommes ſans les Officiers.

XXIV.

Maſſe des Compagnies de Valiere, de Dabin de Lorme, & de Voilain.

OUTRE la ſolde cy-deſſus reglée pour les Commandans, Sergens, Caporaux, Anſpeſſades, Mineurs & Tambours, qui leur ſera payée ſans aucun retranchement, Et au moyen de laquelle ils ſeront tenus de s'entretenir de Linge & de Chauſſure, il ſera encore donné deux ſols par jour pour chacun d'eux ſur le pied complet, & independamment du nombre effectif dont leſdites quatre Compagnies de Mineurs pourront ſe trouver, leſquels deux ſols par homme formeront une Maſſe toûjours complette, montant pour chaque Compagnie à Quatre-vingt dix livres par mois, faiſant Mille quatre-vingt livres par an, dont moitié revenant à Cinq cens quarante livres par an, demeurera entre les mains du Treſorier qui en donnera ſa reconnoiſſance à l'Officier chargé du détail à la fin de chaque mois, pour eſtre payée par les ordres & ſur la main-levée des Inſpecteurs generaux, & employée à l'Habillement de la Compagnie; Et le ſurplus montant à pareille ſomme de Cinq cens quarante livres (ce qui fait quarante-cinq livres par mois) ſera delivré lors de l'arrêté des decomptes de ſubſiſtance, à chaque Capitaine deſdites Compagnies par forme de gratification, & pour les dedomager des frais de Recrües, & autres dépenſes courantes de leurs Compagnies.

XXV.

Pour tenir lieu d'Etape aux Recrües des quatre Compagnies de Mineurs.

LES Capitaines deſdites quatre Compagnies de Mineurs recevront chaque année dans le temps du Semeſtre, la ſomme de Cent livres chacun pour tenir lieu d'Etape à leurs Recrües; Voulant Sa Majeſté, que lorſque la Compagnie ne ſe trouvera pas complette à la Reveüe qui ſe fera au retour dudit Semeſtre, ladite ſomme de Cent livres ſoit retenüe ſur les appointemens du Capitaine, ainſi qu'il eſt ci-devant reglé.

XXVI.

Compagnie de Canoniers de la Rocheaymond.

LA Compagnie de Canoniers de la Rocheaymond qui eſt compoſée de quarante hommes, ſans les Officiers, ſera payée à raiſon de ſix livres par jour au Capitaine, de quarante ſols au premier Lieutenant, de trente ſols au ſecond Lieutenant, de vingt-cinq ſols à l'Enſeigne, de vingt ſols à chacun des quatre Ouvriers, de ſeize ſols à chacun des deux Sergens, de dix ſols ſix deniers à chacun des trois Caporaux, de neuf ſols ſix deniers à chacun des trois Anſpeſſades, de ſept ſols ſix deniers à chacun des vingt-ſept Canoniers, & de ſept ſols ſix deniers au Tambour; Le Capitaine devant recevoir trois payés de gratification de ſept ſols ſix deniers chacune par jour, quand ſa Compagnie ſera de quarante hommes ſans les Officiers, deux deſdites payes lorſquelle ſera de trente-huit hommes, & une ſeulement lorſqu'elle ſe trouvera de trente-cinq, les Officiers non compris.

XXVII.

Maſſe de la Compagnie de Canoniers de la Rocheaymond.

QUTRE la ſolde ci-deſſus reglée pour les Ouvriers, Sergens, Caporaux, Anſpeſſades, Canoniers & Tambour, qui leur ſera payée à chaque Preſt ſans aucun retranchement, Et au moyen de laquelle ils s'entretiendront de Linge & de Chauſſure, il ſera encore donné deux ſols par jour pour chacun d'eux ſur le pied complet, & independamment du nombre effectif auquel ladite Compagnie pourra ſe trouver, leſquels deux ſols par homme formeront une Maſſe toûjours complette montant à Cent vingt livres par mois, faiſant Quatorze cens quarante livres par an, dont moitié revenant à Sept cens vingt livres par an, demeurera entre les mains du Treſorier qui en fournira ſa reconnoiſſance à l'Officier chargé du détail à la fin de chaque mois, pour eſtre payée par les ordres & ſur la main-levée des Inſpecteurs Generaux, & employée à l'Habillement de ladite Compagnie; Et le ſurplus montant à pareille ſomme de Sept cens vingt livres (ce qui fait Soixante livres par mois) ſera delivré, lors de l'arrêté de chaque decompte de ſubſiſtance au Capitaine de ladite Compagnie par forme de gratification, & pour l'indemniſer des frais de Recrües, & autres dépenſes courantes de ſa Compagnie.

XXVIII.

Pour tenir lieu d'Etape aux Recrües de la Compagnie de Ca-

LE Capitaine de ladite Compagnie de Canoniers de la Rocheaymond recevra chaque année dans le temps du Semeſtre, la ſomme de Cent vingt livres pour tenir lieu d'Etape à ſes Recrües; Entendant Sa Majeſté que lors que ladite Compagnie

Compagnie ne se trouvera pas complette à la Reveüe qui se fera au retour dudit Semestre, ladite somme de Cent vingt livres soit retenuë sur les appointemens du Capitaine, ainsi qu'il est cy-dessus reglé.

noniers de la Rocheaymond.

XXIX.

OUTRE le traitement cy-dessus reglé pour les Officiers des Troupes mentionnées en la presente Ordonnance, ils continüeront de joüir des Pensions attachées à leurs Charges.

XXX.

Retenüe sur la Solde du Soldat, en cas de negligence sur l'entretien de son linge & chaussure.

LORSQU'UN Soldat desdites Troupes negligera de s'entretenir de Linge ou de Chaussure, le Capitaine de la Compagnie dont il sera, prendra l'ordre du Commandant du Corps, pour faire retenir sur la solde dudit Soldat ce qui sera jugé necessaire pour luy acheter ce qui luy manquera; Sa Majesté trouvant bon que sur ladite paye du Soldat negligent il soit retenu un sol six deniers par jour dans ledit cas, jusqu'à ce que tout ce qui manque à l'entretien du Linge & Chaussure soit restabli; Deffendant tres expressement Sa Majesté aux Capitaines & Subalternes, de faire de pareilles retenües sans ordre par écrit du Commandant, lesquels ordres seront representez aux Inspecteurs à leurs Reveües.

XXXI.

CONFORMEMENT à l'Article XLIV. de l'Ordonnance du 2. Juillet 1716. & à l'Article XXVIII. de celle du 6. Avril 1718. Sa Majesté deffend tres expressement aux Capitaines, & autres Officiers des Troupes cy-dessus, de promettre & donner aux Soldats de leurs Compagnies une solde plus forte que celle portée par la presente Ordonnance, à peine d'estre cassez.

XXXII.

Supplement de paye de gratification & Solde au complet.

ET pour procurer aux Capitaines en pied des Corps denommez en la presente, tous les avantages qui peuvent contribuer au restablissement de leurs Compagnies; Veut Sa Majesté que les Capitaines de celles qui se trouveront plus fortes à la Reveüe de Janvier, qu'à la Reveüe de Novembre & Decembre precedens, soient payez par forme de supplement sur la Reveüe de Janvier, de ce qu'ils auroient dû recevoir tant pour le payement des effectifs, que des payes de gratification, si leurs Compagnies s'estoient trouvées aux Reveües desdits deux mois de Novembre & Decembre au mesme nombre qu'elles se trouveront en Janvier, Et que pareil decompte leur soit fait sur la Reveüe d'Avril, pour les mois de Fevrier & Mars precedens.

XXXIII.

SA MAJESTÉ se reserve de fixer le nombre d'hommes dont Elle jugera à propos d'augmenter en temps de Guerre les Compagnies desdits Regimens Royal Artillerie & des Bombardiers, celles des Mineurs & de Canoniers, Et de regler le traitement que lesdites Troupes devront avoir pendant la Guerre. Sa Majesté derogeant aux precedentes Ordonnances en ce qu'il pourroit y avoir de contraire à la presente.

MANDE & Ordonne Sa Majesté aux Gouverneurs & à ses Lieutenans Generaux en ses Provinces, aux Gouverneurs ou Commandans dans ses Villes & Places, aux Directeurs & Inspecteurs Generaux sur ses Troupes, aux Commissaires de ses Guerres, & à tous autres ses Officiers qu'il appartiendra, de tenir la main à l'Execution de la presente, laquelle sera leüe & publiée à la teste des Regimens & Compagnies qu'elle concerne, à ce qu'aucun n'en ignore. FAIT à Paris le trente-uniéme jour de Decembre mil sept cens dix-huit. *Signé* LOUIS. *Et plus bas*, LE BLANC.

Tome Premier

Table Alphabétique des Ordonnances & Reglements Militaires contenus en ce Volume.

Année 1679. à l'année 1718. Comprise.

		Dattes			Pages
	B.	Jours	Mois	années	
Bataillons	Ordonnance du Roy. Pour faire payer les Bataillons d'Infanterie françoise sur le pied de 15. Compagnies à mesure quils seront mis à ce nombre au moyen des Incorporations qui y seront faites	1.	8.bre	1714	35.
	C.				
Canonniers	Ord.ce du Roy....(Voyez Artillerie)	23.	Janvier	1679	1.er
Cadets	Ord.ce du Roy. portant Etablissement de Cadets dans le Regiment des Gardes françoises	20.	May	1716.	106
Capitaines ...	Ord.ce du Roy. pour faire payer trente sols par jour à à l'officier chargé du détail a Compte des appointements de chaque Capitaine absent	5.	aoust	1718.	318
idem	Ord.ce du Roy. pour faire payer par Suplement, pour les mois de juillet et aoust 1718, aux Capitaines d'Infanterie les hommes quils auront de plus à la Revüe de Septembre, que celle du d.t mois de Juillet	4.	7bre	1718	332
idem	Ord.ce du R... (Voyez appointements)	30	7bre	1718	334
Carabiniers...	Ord.ce du Roy... (Voyez Aumosniers)	28.	avril	1716	103
Cavalerie ...	Ord.ce du Roy, pour Obliger les officiers de Cavalerie à prendre l'attache de M. le Comte d'Evreux Colonel general de la Cavalerie sur leurs Commissions	25.	Juin	1714	16.
idem	Ord.ce du Roy. pour obliger les majors des Regim.ts Tant d'Infanterie que de Cavalerie et de Dragons, à tenir un Controlle Exact des officiers des dits Regiments, de la même maniere qui leur est prescrite, et a en donner une Copie signée d'eux, aux Commissaires des Guerres afin quils en puissent faire mention dans leurs Revües ...	1.	aoust	1714	20.
idem	Ord.ce du Roy, pour Reformer les Cornettes des Comp.ies de Cavalerie, de hussard, et de Dragons	20.	aoust	1714	27.
idem	Ord.ce du Roy, pour Regler le nombre des officiers de ses Troupes de Cavalerie et de Dragons qui auront Congé par semestre pendant l'hiver prochain	1.	7.bre	1714	32.
idem	Ord.ce du Roy, pour Regler le nombre des officiers de ses troupes de Cavalerie et de Dragons qui auront Congé par semestre pendant l'hiver prochain	20.	aoust	1715.	78.
idem	Ord.ce du Roy... (Voyez Aumosniers)	28.	avril	1716	103
idem	Ord.ce du Roy. pour Regler le nombre des officiers de ses troupes de Cavalerie et de Dragons qui auront Congé par semestre pendant l'hyver prochain	1.	7bre	1716	160.
idem	Ord.ce du Roy, pour Regler le nombre des officiers de ses Troupes de Cavalerie et de Dragons qui auront Congé de semestre pendant l'hiver prochain	1.	7bre	1717	218.
idem	Ord.ce du Roy. pour Regler le Rang entre les officiers des Compagnies des Gendarmes, Chevaux-legers, Et Mousquetaires de la Garde de sa Majesté, avec ceux de la Cavalerie	1.	mars	1718	229

C.

		Dattes			Pages
		Jours	Mois	année	
Cavalerie...	Ordonnance du Roy, pour proroger le semestre des troupes d'Infanterie, de Cavalerie et de Dragons jusques au dernier avril prochain	8	Mars	1718	232
idem	Ord.ce du Roy. portant injonction aux officiers de Cavalerie et de Dragons Reformés de se rendre a la suitte de leurs Regiments dans les premiers jours du mois de May prochain..	8.	Mars.	1718	234.
idem	Ord.ce du Roy. Portant que le Regiment de Cavalerie de Conty Cydevant Beringhen, prendra Rang dans la Cavalerie après celuy de Bourbon	20.	Mars	1718	236.
idem	Ord.ce du Roy pour Regler le nombre des officiers des Troupes de Cavalerie et de Dragons qui auront Congé par semestre pendant l'hiver prochain	1.	7bre	1718	324.
idem	Nouveau Traitement des Troupes de la Cavalerie françoise en temps de Paix Compagnie à 25 maîtres Reglé par S. A. Ral .... le	6.	Avril	1718.	352.
idem	Nouveau Traitemt. idem en temps de Guerre Compie à 50. maîtres Reglé par S. A. Ral .... le	6.	avril	1718	353.
Chevaux-legers de la Garde	Ord.ce du Roy Concernant les Capitaines et Capitaines Lieutenants des Compagnies des Gardes, Gendarmes, Chevaux Legers, et Mousquetaires servants auprès de la personne de Sa Majesté	29.	May	1716	110.
idem	Ord.ce du Roy, Concernant les Prérogatives des ayde Majors des Compagnies de Gendarmes et de Chevaux Legers de la Garde de S. Mté et celles des officiers desdites Compagnies servant de Quartier	3.	avril	1717.	199.
idem	Ord.ce du Roy. (Voyez Cavalerie)	1.	Mars	1718	229.
Colonel gñal	Ord.ce du Roy. (Voyez Cavalerie)	25.	Juin..	1714.	16.
idem	Ord.ce du Roy, pour obliger les officiers de Dragons à prendre l'attache du Sr. Marquis de Coigny Colonel Général des Dragons sur leurs Commissions	25.	9bre	1714	39.
idem	Ord.ce du Roy. qui regle l'authorité et les prerogatives du Colonel du Regiment des Gardes françoises sur ledit Régiment et ce qui le concerne	13.	Juin	1716.	116.
Colonels	Ord.ce du Roy... (Voyez appointement)	13.	juin..	1718	315.
idem	Mémoire en forme d'Instruction pour les Colonels ou Commandants des Régiments auxquels on Envoye les ordres pour marcher	25.	aoust	1718.	321.
Compagnies franches.	Ord.ce du Roy, portant Reglement pour le payement de la Solde de six Compagnies franches de Dragons de Nouvelle Levée	4.	7bre	1717.	222.
Contrebande	Ord.ce du Roy, pour deffendre aux troupes de S. Mté qui Entreront dans le Royaume, ou qui auront ordre de passer d'une province dans une autre, De se charger d'aucune marchandise faux Sel, ny tabac, sur les peines y Contenues	1.	8bre	1713.	4
idem	Ord.ce du Roy Portant deffenses aux Brigadiers et Dragons des 6. Compies particulieres que S. Mté a fait mettre sur pied et distribuer par Brigades dans les provinces de Soissonnois, Picardie et Champagne pour Empêcher le faussaunage, la vente du tabac en fraude et marchandises				

C.

		Dattes			Pages
		Jours	Mois	années	
	de Contrebande, d'en favoriser le Commerce n'y de prendre de l'argent de ceux qui le feront pour ensuite les laisser aller, sur peine de mort, Comme aussi de Rançonner des habitans ou particuliers, en exigeant d'eux de l'argent, ou autre Chose sous pretexte de fauxsonage, vente de tabac en fraude ou marchandises de Contrebande sur peine des galeres perpetuelles	5.	Janvier	1718	227
Contrebande	Ord.^ce du Roy pour deffendre aux troupes et gens étant a la suitte, d'introduire et faire Entrer dans le Royaume aucune Toilles peintes et autres Etoffes provenant du cru et fabrique des Indes de la Chine et du Levant ou faites à l'imitation des dites fabriques	12	May	1714	14.
Controlle ...	Ord.^ce du Roy, pour obliger les majors des Regiments tant d'Infanterie que de Cavalerie et de Dragons à tenir un Controlle &c.^a (Voyez Cavalerie)	1.er	aoust	1714	20.
Convention	Convention entre le Roy et les Etats Generaux des Provinces Unies pour la restitution reciproque des Chevaux des Cavaliers et Dragons déserteurs des troupes de part et d'autres	1.	9.bre	1713	8.
idem.	Convention entre Sa Majesté Imperiale et Catholique Sa M.^té Le Roy Tres Chretien, et les Seigneurs Etats Generaux des provinces Unies pour la restitution Reciproque des Déserteurs, tant Cavaliers et fantassins que Dragons	21.	avril	1718	302
Cornettes ..	Ord.^ce du Roy .. (Voyez Cavalerie &c.^a)	20	aoust	1714	27.
Corps de Gardes	Ord.^ce du Roy ... (Voyez Artillerie &c.^a)	23.	Janvier	1679	1.er

D.

Déffenses ...	Ordonnance du Roy (Voyez Contrebande) ..	1.	8.bre	1713	4
idem	Ord.^ce du Roy .... (Voyez Contrebande)	12.	may	1714	14.
idem	Ord.^ce du Roy, pour deffendre aux officiers des Regiments Irlandois, qui sont à son service, de quitter leurs Regiments pour passer en Ecosse, sur peine d'Estre Cassés et privez de leurs Charges	6.	X.^bre	1715	84.
idem	Ord.^ce du Roy. Pour deffendre d'acheter aucuns habillemens, armes, ny chevaux des Cavaliers, Dragons et soldats de ses troupes a peine de Confiscation et de 200.^lt d'amende. Et pour empecher aussi qu'il ne soit vendu aucune sorte de munitions provenant des magasins de Sa Majesté sur les peines y Contenües	28.	fevrier	1716	98.
idem	Ord.^ce du Roy qui deffend à tous les sujets de S. M.^ajesté Nottament à ceux qui habitent les frontieres et qui ne sont pas Enrollés pour les milices entretenües, de porter armes de quelqu'Espece quelles puissent etre à l'Exception des gentilshommes et autres y denommés	14.	Juillet	1716	146
idem	Ordonnance du Roy, portant que les Cavaliers, Dragons et soldats, qui ont déserté des troupes avant l'ord.^ce				

	D.	Dattes			Pages
		Jour	Mois	année	
	du 2. Juillet d.t auxquels les peines par Eux Encourües pour le Crime de Desertion, ont été pardonnées par la ditte ordonnance; Comme aussy Ceux qui ont eté licenciés lors des Réformes Comme n'etant pas en Etat de Servir, et ceux qui depuis ont eu leurs Congés absolus, seront tenus de se retirer dans les lieux de leur Naissance 15. jours après la publication de la présente avec deffense de s'attrouper dans leur Retraite; le tout a peine d'Estre Réputés mandiants Valides, Vagabons et gens sans aveu, et punis Comme tels	12.	8.bre	1716	169
Deffenses	Ord.ce du Roy pour deffendre aux officiers de ses troupes d'Engager aucuns Cavaliers, Dragons ou Soldats qui ne soient au moins de l'age de seize ans accomplis	1.	Mars	1717	198
idem	Ord.ce du Roy pour deffendre aux Cavaliers Dragons et Soldats des Régiments qui sont dans les Villes du Dedans du Royaume, d'y troubler la Regie des fermes Comme aussi à tous particuliers de se dire n'y faire la fonction de Vivandiers pendant que les dits Régiments y demeureront, sans néanmoins rien innover à ce qui est Etabli dans les Citadelles, forts et chateaux du dedans du Royaume, dans les places où il y a ordinairement Garnison ny dans les Régiments Suisses qui sont a sa Solde	25.	avril	1717.	205.
idem	Ordonnance du Roy (Voyez Contrebande &ca)	5.	Janvier	1718.	227.
idem	Ord.ce du Roy pour deffendre toutes Levées et Enrollements de Gens de Guerre sans Commission Expresse de Sa Majesté	20.	Xbre	1718	342
Départ	Ord.ce du Roy pour faire fournir l'Etape aux officiers Réformés dans les marches avec les Régiments auxquels ils sont attachés, suivant l'Etat des Effectifs qui sera Remis par le Commissaire des Guerres, au Commandant de la troupe lorsqu'elle partira de sa garnison	25.	Juin	1715.	69
Dépense	Memoire Instructif au sujet du Nouveau Reglement ordonné par Sa majesté de l'avis de S.A.R.le	6.	avril	1718	241
Déserteurs	Convention entre le Roy et les Etats Généraux (Voyez Convention)	1.	9bre	1713	8
idem	Ordonnance du Roy portant que les Cavaliers, Dragons et Soldats, qui deserteront lorsqu'ils seront de Garde, ou qui abandonneront leur poste étant en Sentinelle et ceux qui Escaladeront les Remparts seront punis de mort	20.	Juillet	1714.	19.
idem	Ordonnance du Roy pour la Restitution Reciproque des Déserteurs des troupes de france et d'Espagne	26.	Xbre	1715.	88.
idem	Ordonnance du Roy. (Voyez amnistie &ca)	2.	Juillet	1716	124
idem	Ordonnance du Roy (Voyez Deffenses &ca)	12.	8bre	1716	169
idem	Convention entre S.M. Imp. Cath.e et le R.T.Ch.en (Voyez Convention)	21.	avril	1718	302

D.

		Dattes			Pages
		Jour	Mois	Année	
Discipline	Reglement, fait par le Roy, pour l'ordre et la Discipline qu'il veut être observée par ses troupes tant françoises qu'Etrangeres, lorsqu'elles marcheront en Route dans le Royaume, ou qu'elles seront dans leurs Garnisons	4.	Juillet	1716	134.
idem ..	Reglement fait par le Roy pour l'ordre et la discipline qu'il veut estre observée par ses troupes tant françoises qu'Etrangeres, lorsqu'elles marcheront en Route dans le Royaume, ou qu'elles seront dans leurs Garnisons	8.	Avril	1718	280
Dragons.	Ordonnance du Roy. (Voyez Cavalerie &c.)	1.	Aoust	1714	20.
idem	Ordon.ce du Roy ...... (Voyez Cavalerie &c.)	20	Aoust	1714	27.
idem	Ordon.ce du Roy ...... (Voyez Cavalerie &c.)	1.	7bre	1714	32.
idem	Ordon.ce du Roy ...... (Voyez Colonel general)	25	9bre	1714.	39.
idem	Ordon.ce du Roy .... (Voyez Cavalerie &c.)	20.	aoust	1715	78.
idem	Ordon.ce du Roy .... (Voyez Aumosniers)	28.	avril	1716	101.
idem	Ordon.ce du Roy .... (Voyez Cavalerie.)	1.	7bre	1716.	160.
idem	Ordon.ce du Roy ...... (Voyez Cavalerie)	1.	7bre	1717	218.
idem	Ordon.ce du Roy ..... (Voyez Compagnie franche)	4.	7bre	1717	222.
idem	Ordon.ce du Roy ...... (Voyez Cavalerie)	8.	mars	1718	234.
idem	Ordon.ce du Roy, pour donner Rang au Régiment de Dragons d'Orleans après celuy des Dragons de Dauphiné	25.	avril	1718	306.
idem	Ordon.ce du Roy, ... (Voyez Cavalerie)	1.	7bre	1718.	324
idem	Nouveau Traitement des Dragons Compagnie a 50. Dragons Reglé par Son Altesse Royale en temps de Guerre. Le	6.	avril	1718	347.
idem	Nouveau Traitement des Dragons Compagnie à 25. Dragons en temps de paix Reglés par Son Altesse Royale. Le	6.	avril	1718.	348.
idem	Ord.ce du Roy .... (Voyez Contrebande &c.)	5.	Janvier	1718	227.
idem ...	Ord.ce du Roy .... (Voyez Cavalerie)	8.	mars	1718	232.

	E.	Jours	Mois	Années	Pages
Etapes	Ordonnance du Roy... (Voyez Départ)	25.	Juin	1715.	69.
idem	Ord.ce du Roy portant supression des Etapes, Logem.ts personnel de Gens de Guerre, dans les provinces et Généralités seulement où Sa Majesté étoit chargée de la dépense des Etapes avec un Reglement pour la subsistance et logement des Troupes en Route dans les dittes Generalités et provinces et l'augmentation de solde necessaire pour leur tenir lieu d'Etapes	15.	avril	1718	290.
Enrollements	Ordon.ce du Roy... (Voyez amnistie &c.)	2.	Juillet	1716	124.
idem	Ordon.ce du Roy... (Voyez Deffenses &c.)	20.	Xbre	1718.	342.
	F.				
Fabrique des armes.	Ordon.ce du Roy portant Reglement pour le payement des Ouvriers qui Travaillent à la fabrique des armes servant à l'Usage des Troupes de Sa Majesté	25.	8bre	1716.	171.
	G				
Gardes françoises	Ordon.ce du Roy pour Reduire les Compagnies du Régiment de ses gardes françoises à 126. hommes chacune. Les officiers non Compris	24.	7bre	1713.	6.
idem	Ord.ce du Roy (Voyez Cadets)	20.	may	1716	106.
idem	Ord.ce du Roy (Voyez Controlel général)	13.	Juin	1716.	116
idem	Ord.ce du Roy portant Injonction au Trésorier des Gardes françoises, d'acquitter les Billets des Capitaines, pour fournitures faites a leurs Compagnies	30	May	1718.	311.
Gardes du Corps	Ord.ce du Roy Concernant les Capitaines et Capitaines Lieutenant des Comp.ies des Gardes, Gendarmes, Chevaux Legers Et Mousquetaires, servans auprès de la personne de S.M.té	29	May	1716.	110.
idem	Ord.ce du Roy, pour Regler les grades des officiers des Gardes du Corps	22.	aoust	1718.	321.
Gendarmes de la garde.	Ord.ce du Roy (Voyez Chevaux legers de la Garde)	29.	May.	1716.	110.
idem	Ord.ce du Roy (Voyez Chevaux legers de la Garde)	3.	avril	1717.	199
idem	Ord.ce du Roy (Voyez Cavalerie)	1.	Mars	1718	229.

I

	P.	(Dattes) Jours	Mois	année	Pages
Pain de Munition	Ordonnance du Roy, Pour Continuer La fourniture du pain à des troupes, pendant les 3 premiers mois de l'année prochaine. Seulement en ne leur faisant Retenir que 15 deniers pour la Ration	10.	Xbre	1715.	86
idem	Ord.ce du Roy pour Continuer la fourniture du Pain a des troupes pendant les mois d'avril et de May prochain Seulement en ne leur faisant Retenir que 14 deniers pour la Ration	12	Mars	1716.	100.
Payements	Ord.ce du Roy ... (Voyez Officiers Reformés)	6.	avril	1714.	11
idem	Ord.ce du Roy pour reduire les Comp.ies d'Infanterie françoises à 40 hommes, à Commencer du premier May prochain, et pour Regler aussi le payement des troupes et le temps de Service des officiers Reformés d'Infanterie, de Cavalerie et de Dragons	10.	avril	1715.	43.
idem	Ord.ce du Roy .. (Voyez fabrique d'armes)	25.	8bre	1716.	171.
idem	Ord.ce du Roy. Portant Reglement pour le payement des troupes de S. M.te	30.	Xbre	1716.	182.
idem	Ord.ce du Roy Portant Reglement pour le payement des troupes de S. M.te	6.	avril	1718.	252.
idem	Ord.ce du Roy (Voyez Capitaines)	4.	7bre	1718	332.
idem	Ord.ce du Roy. (Voyez Artillerie)	31.	Xbre	1718	357.
Poudre	Ord.ce du Roy pour faire délivrer pendant chacun des Mois de juin et de Juillet prochain 150 L de poudre par Bataillon et 2 L de poudre par Compagnie de Cavalerie et de Dragons, aux troupes qui seront En garnison dans les places	20.	May	1715.	68.
idem	Ord.ce du Roy. pour faire délivrer pendant l'Eté prochain 200 L. de Poudre par Bataillon d'Infanterie, pour faire l'Exercice	30.	avril	1717.	208
idem	Ord.ce du Roy Pour faire Delivrer pendant l'Eté prochain et les suivants En temps de paix 200 L de poudre par Bataillon aux troupes d'Infanterie et 25 L. a chaque Escadron des Regiments de Dragons pour faire l'Exercice	10.	May	1718	310
Port d'armes	Ord.ce du Roy ... (Voyez Deffenses)	14.	Juillet	1716	146
Prerogatives	Ord.ce du Roy ... (Voyez Colonel général)	13.	Juin	1716	116
idem	Ord.ce du Roy ... (Voyez Chevaux legers de la Garde)	3.	avril	1717.	199
Prix des Reg.ts d'Inf.rie	Ord.ce du Roy ... (Voyez Infanterie)	6.	9bre	1714.	37.
Procès Criminel	Ord.ce du Roy portant qu'en Conformité de l'art. 22 du Reglement de Poitiers, les Juges ord.res seront tenus d'appeller à l'instruction et au jugement des procès de tout Crime de soldat à habitant, Le Prevost des Bandes ou du Reg.t; et qu'il n'y aura pas de prevot, le major, ou ayde major, ou le Command.t de la troupe dont sera l'accusé	10.	7bre	1716	163.

S.

		Dattes			Pages
		jours	mois	années	
Semestre ...	Ordonn.ce du Roy .... (Voyez Infanterie)	1.	7bre	1714.	29.
idem	Ordon.ce du Roy .... (Voyez Cavalerie)	1.	7bre	1714	32
idem	Ordonn.ce du Roy pour Proroger le semestre des troupes d'Infanterie de Cavalerie et de Dragons jusqu'au 1.er avril prochain	10.	Mars	1715.	41
idem	Ordon.ce du Roy .... (Voyez Infanterie)	20.	aoust	1715.	74.
idem ..	Ordon.ce du Roy .... (Voyez Cavalerie)	20.	aoust	1715.	78
idem	Ordon.ce du Roy .... (Voyez Infanterie)	10.	fevrier	1716.	94
idem	Ordon.ce du Roy ...... (Voyez Infanterie)	1.	7bre	1716	156
idem	Ordon.ce du Roy ...... (Voyez Cavalerie)	1.	7bre	1716	160.
idem	Ordon.ce du Roy ..... (Voyez Infanterie)	1.	7bre	1717.	214
idem	Ordon.ce du Roy ..... (Voyez Cavalerie)	1.	7bre	1717.	218.
idem	Ordon.ce du Roy ..... (Voyez Cavalerie &c)	8.	mars	1718.	232.
Service d'off.ciers Reformés	Ordon.ce du Roy .... (Voyez Payement)	10.	avril	1715.	43.
Subsistance ...	Ordon.ce du Roy pour faire allouer la Subsistance qui a été fournie depuis le 15. du présent mois de may aux quatre dernieres Compagnies dans aucunes des Regiments de Cavalerie et de Dragons & a cinq maîtres dans les autres Compagnies jusqu'au jour de leur Reforme	30.	May.	1716.	115.
Suisses	Ordon.ce du Roy ...... (Voyez Infanterie)	4.	fevrier	1716	91
idem	Ordon.ce du Roy .... (Voyez Gratiffication)	10.	Juillet	1716.	143
Semestre	Ordon.ce du Roy ...... (Voyez Cavalerie)	1.	7bre	1718	324
idem	Ordon.ce du Roy ...... (Voyez Infanterie)	1.	7bre	1718	328
Supression ...	Ordon.ce du Roy ..... (Voyez Etape)	15.	avril	1718	290
Sous-lieuten.ts	Ordon.ce du Roy .... (Voyez Infanterie	20.	aoust	1714.	25.

T.

Traitement.	Nouveau Traitem.t en temps de Guerre (Voyez Dragons) ..	6.	avril	1718.	347
idem	Nouveau Traitem.t en temps de paix (Voyez Dragons) ...	6.	avril	1718	348

	T.	Dattes			Pages
		jours	mois	années	
Traitement.	Nouveau Traitement en temps de Guerre (Voyez Infanterie)	6	avril	1718	349
idem	Nouveau Traitement en temps de paix (Voyez Infanterie)	6.	avril	1718.	351
idem ...	Nouveau Traitement en temps de Paix. (Voyez Cavalerie).	6.	avril	1718	352.
idem ...	Nouveau Traitement en temps de guerre. (Voyez) Cavalerie).	6.	avril	1718	353
Tresorier ...	Ordon.ce du Roy .... (Voyez Gardes françoises)	30.	mar	1718.	311.
	V.				
Vagabonds ...	Ordon.ce du Roy .... (Voyez Deffenses)	12.	8.bre	1716	169
idem	Ordon.ce du Roy Contre les Vagabonds & Gens sans aveu	10.	9.bre	1718	338.
Vivandiers ...	Ordon.ce du Roy .... (Voyez deffenses)	25.	avril	1717.	205.

www.ingramcontent.com/pod-product-compliance
Ingram Content Group UK Ltd.
Pitfield, Milton Keynes, MK11 3LW, UK
UKHW022004260726
13994UKWH00004B/1937

9 782329 332666